_____ 님께

당신은 충분히 좋은 사람이에요.
모든 선한 것을 받을 자격이 있습니다.
당신이 믿는 것이 현실이 됩니다.

_____ 드림

감사의 선물

내가 가진 축복을 헤아리며
매일매일 감사로 이끄는 마법의 시간

감사의 선물

루이스 L. 헤이 지음 | 엄남미 옮김

알파미디어

감사하는 마음을 기억하면
하루를 더 즐겁게 보낼 수 있어요.

– 루이스 헤이

서문

루이스 헤이는 헤이하우스 출판사의 등대입니다. 우리는 날마다 그녀를 그리워합니다. 2017년 루이스가 세상을 떠나고 난 지금도 우리는 계속 그녀의 말과 글을 듣고 읽으면서 위로를 받기도 하고 가르침을 얻기도 합니다. 그녀가 남긴 말과 글 덕분에 우리는 매일 기쁨과 축복 속에 살아갑니다.

그녀는 《감사: 삶의 길》이라는 책을 쓴 적이 있습니다. 루이스는 그 책에 쓴 대로 살았습니다. 진정으로 매 순간 감사하며 삶을 보냈고, 그것이 이 책을 엮게 된 동기입니다. 헤이하우스 편집팀은 그녀가 쓴 글을 어떻게 구체화하고 책에 담을지 기획회의를 하면서 많은 영감을 얻었습니다. 그녀는 진정으로 모든 사물과 사람을 사랑했고, 믿을 수 없을 정도로 강력한 '감사하는 태도'를 지녔습니다. 그녀는 자신뿐만 아니라 우리가 모두 그렇게 사람과 사물을 사랑할 수 있다고 말한 첫 번째 사람입니다.

우리는 루이스 헤이가 모든 순간에 감사했듯이 당신도 그렇게 살아갈 기회를 얻길 바랍니다. 그리하여 지금의 삶을 감사하라는 루이스 헤이의 글을 모아서 책으로 내게 되었습니다. 당신이 누리는 많은 복과 행운을 헤아리는 방법을 배우면서, 지금 살아 있는 것 자체가 축복임을 깨닫고 느끼기를 바랍니다. 루이스 헤이는 항상 이렇게 말하기를 좋아했습니다.

"인생은 당신을 사랑합니다. 나도 당신을 사랑합니다."

그녀의 이 말은 진심이었습니다. 루이스 헤이의 이 메시지를 온몸으로 느끼고 당신의 사랑과 감사함이 다른 이들에게 긍정적인 영향을 미치는 세계로 뻗어 나가길 바랍니다.
진심으로 감사합니다.

헤이하우스 편집팀

내가 가진 모든 것과
지금 그대로의 나에게 깊이 감사합니다.

"인생은 매우 단순해서
우리가 세상에 베풀고 나눠 준 것을 그대로 돌려줍니다."

우주는 항상 내가 받을 자격이 있다고 믿는 것을 줍니다.
어떤 문제든 해결책은 단 한 가지, 바로 '나를 사랑하기'
입니다. 사랑은 기적의 치료제입니다.
나 자신을 사랑하는 것은 삶에 기적을 불러옵니다.

감사함이 이 모든 것의 열쇠입니다.

저는 우주가 감사하는 걸 좋아한다는 사실을
깨달았습니다. 더 많이 감사할수록 더 많이 좋은 것들을
얻게 됩니다. 여기서 '좋은 것'은 꼭 물질적인 것만을
뜻하지는 않습니다. 오히려 인생을 더 가치 있게 만드는
모든 사람, 장소, 경험을 말합니다. 인생이 사랑과 기쁨,
건강과 영감, 모험으로 가득할 때
얼마나 멋지고 위대한 기분인지 모릅니다.

이렇게 즐겁게 사는 방식이
당신이 누려야 할 삶입니다.

저는 하루하루 감사하며 살아갑니다.
이 책은 당신에게 감사하는 방법을 보여 줄 것입니다.

가능한 한 많은 순간, 내 인생에 존재하는
모든 선함에 감사하며 사는 것이 중요합니다.

지금 적게 가지고 있다면 늘어날 겁니다. 지금 풍족하다면
그 풍족함은 더 늘어날 것입니다. 이것은 당신도 행복하고
우주도 행복한 윈윈 상황입니다.

많은 사람이 감사 일기를 쓰고 있습니다.
저도 여러 해 동안 감사 일기를 써 왔습니다.
감사 일기를 쓰는 시간은
자신의 축복을 헤아리는 시간입니다.

지금 당장 머릿속에 떠오르는, 감사하는 다섯 가지를 적어 보세요.

1

2

3

4

5

이 감사 작업을 계속하려면
따로 노트를 준비하는 것이 좋습니다.
종이로 된 무엇이든 상관없습니다.
휴대전화의 메모 앱을 사용해도 좋고,
오디오에 녹음해도 됩니다.
자신이 감사함을 가장 편안하게 기록할 수 있는
방식이면 무엇이든 좋습니다.

먼저 일정한 시간을 정해서 감사를 기록해 보세요.

예를 들어 바쁘게 돌아가는 아침 일상이 시작되기 전,
일어나자마자 바로 감사를 적습니다.
아니면 자기 전에도 좋아요.
그러면 하루 동안 일어난 감사한 감정을
잠재의식에 잘 새기면서 잠들 수 있습니다.
규칙적으로 감사함을 적을 수 있으면 좋은데,
이 방법에는 옳고 그름이 없습니다.

감사를 기록하는 자기만의 시간을 가져 보세요.

이 책의 감사 일기는 감사할 목록 적기를 넘어서
감사 과정을 심화해 그것이 삶의 일부가
될 수 있도록 합니다.
꾸준히 연습할 수 있도록 자기만의 시간을 가져 보세요.
그 과정에서 창조적인 근육은 긴장을 풀고
몸과 마음, 영혼은 서로 어우러져 가장 진정성 있는
결과를 얻을 수 있도록 격려받을 수 있습니다.

책을 다 읽을 때쯤이면 자신이 얼마나 소중한
사람인지 느낄 수 있을 겁니다. 우주가 당신에게
많은 선물을 주기 때문입니다.

당신은 우주의 선물입니다.

나는 크게 생각하고,
그러고 나서 우주가 나에게
주는 것을 더 많이
받아들이려고 합니다.

이 책 전반에 걸쳐 우리는 '확언'을 사용합니다.
혹시 확언이라는 말이 낯설지도 모르겠네요. 확언이란,
당신이 말하거나 생각하는 모든 것입니다.
그것이 부정이든 긍정이든 모두 확언이라고 할 수 있어요.
'확언'을 하는 것은 변화의 시작입니다.

"인생은 나를 사랑해."
"나는 있는 그대로 나를 사랑해."

그런데 우리는 너무 자주 부정적인 생각을 합니다.
그 부정적 생각은 더 많은 부정 확언을 만들어 내어
우리 내면에서 테이프처럼 반복 재생이 됩니다.

"나는 이 집이 지긋지긋해"라고 말하는 것은
우리에게 아무런 도움이 되지 않습니다. 대신,
"나의 오래된 이 집을 사랑으로 축복하고,
사랑으로 대할 거야"라고 확언하면,
이 말이 의식의 통로를 열어 그렇게 되도록 합니다.

우리 삶은 자신의 확언대로 이루어집니다.

확언은 항상 현재 시제여야 한다는 사실에
유의해야 합니다.
"나는 ~해질 거야. 나는 ~하고 싶어"라고
미래 시제로 말하는 것이 아니라,
"나는 ~야. 나는 ~이 있어"처럼 현재 시제로 말하세요.
확언을 미래 시제로 말하면, 결과는 우리가 도달할 수 있는
한계 너머에, 즉 먼 미래에 머뭅니다.

눈에 띄는 곳에 확언을 붙여두고
반복해서 말해 보세요.

이 책은 몇 가지 유용한 긍정 확언을 담고 있습니다.
당신이 그 확언을 자주 들여다보고
포스트잇에 써서 눈에 띄는 곳에 붙여 보세요.
확언을 여러 번 반복해서 말해 보세요.
당신은 자신만의 확언을 만드는 법을
배울 수 있을 거예요. 직접 만들면 훨씬 더 영향력 있는
결과로 이어질 것입니다.

때때로 두려움이나 다른 부정적인 믿음 때문에
우리 삶에서 감사라는 선물을 찾기가 어려울 수 있습니다.
이런 부정적인 믿음은 게으름이나 성공에 대한
두려움 또는 우리가 좋은 것들을 얻는 데 방해가 되는
장애물을 초래할 수 있어요.

**나는 활력이 넘치고 위대하며
강하고 건강한 사람이라고 믿습니다.**

내가 원하는 행동을 할 에너지가 있다는 사실이 너무나
기쁩니다. 지향하는 삶을 살 수 있고, 멋진 친구들과
함께할 수 있어서 너무나 즐겁습니다.
나는 인생이 나를 사랑한다고 믿어요.
또한 항상 안전하다는 것을 알지요.
좋은 경험만이 내 앞에 놓여 있다고 믿으며
삶이 나를 성장하게 한다는 것도 잘 압니다.
나는 나를 둘러싼 모든 것이
잘되어 간다는 것을 알고 있습니다.

나는 주름을 걱정하는 것보다
웃음이 더 중요하다고 생각합니다.

요즘은 웃음이 많아진 나를 발견합니다.
행복한 고민이긴 하지만, 어렸을 때보다 더 많이 웃는 게
편안하고 자유로워졌습니다.
마치 나의 좋은 생각이 행복에 찬 순수한 상태로
되돌린 것 같아요.

나는 충분히 좋은 사람인 걸 알아요.
모든 선한 것을 받을 자격이 있다고 생각합니다.

나는 삶을 긍정적으로 바라볼 수 있는 정신적 관점을 길러
왔습니다. 여기까지 오는 데 많은 시간과 연구가 필요했어요.
나는 트럭에 가득 실을 정도로 많은 부정적인 생각을
놓아주었습니다. 신산하고 두렵고 가난하고 부정적 여자에서
생명의 풍요를 공유하는 자신 있는 여자로 변했습니다.

내가 했으니 당신도 할 수 있어요.
당신이 부정적인 생각을 바꿀 의향만 있다면요.

지금 이 순간 자신의 삶에서 믿는 것은 무엇인가요?
아래에 솔직한 감정을 적어 보세요.
좋은 것을 받을 자격이 충분하다고 생각하나요?
아니면 나는 그럴 자격이 없다고 생각하나요?

우리가 허락한다면 삶은 우리를 지지하고
이끌어 주고 인도할 것입니다.

자라면서 죄책감이나 누군가에게 조종을 당했다면 항상
'충분하지 않아!'라고 느낄 거예요.
사는 건 힘들고 두렵다는 마음으로 지금껏 살아왔다면
긴장을 풀고 삶이 우리를 보살피도록 내버려 둬야 합니다.
우리는 뉴스에서 온갖 범죄 사건을 접합니다.
또한 세상이 우리를 해칠지도 모른다는
공포와 두려움이 따라다닙니다. 그러나 우리는
모두 자신만의 의식의 법칙에 따라 삽니다. 즉,

우리가 믿는 것이 현실이 됩니다.

다른 사람에게 진실이라고 해서 나에게도 꼭
진실이 될 필요는 없습니다.
만약 사회의 부정적인 믿음만을 믿는다면,
이러한 기대는 우리에게 많은 부정적 경험을
가져올 것입니다.

하지만 나 자신을 사랑하는 법을 배울 때,
생각이 변화할 때, 자신의 자존감과 자신감이 높아질 때
우리는 삶이 우리에게 가지고 있는
모든 선함을 가져다주도록 허락하기 시작합니다.
언뜻 단순하게 들릴지도 모르겠지만 사실입니다.
긴장을 풀고 삶이 나를 보살펴 주고
내가 안전하다고 믿으면, 삶이 순조롭게 흘러갑니다.

우리는 삶의 흐름을 잘 타기 시작할 것입니다.

이제 당신이 자신과 삶에 대해 가지고 있는 부정적인 믿음 중
몇 가지를 자세히 살펴보세요.
부모님, 친척, 선생님, 친구, 권위 있는 인물,
종교 지도자 등에게 들은 메시지를 생각해 보세요.
다음에 나오는 빈칸에 떠오르는 말을 적어 보세요.
빈칸에 떠오르는 생각을 맘껏 적어 보세요.

나는   입니다.

나는 내가   할 때만 행복합니다.

성공하기 전에, 나는 반드시   해야만 합니다.

사람들에게 호감을 받으려면, 나는   할 필요가 있습니다.

앞쪽에 쓴 내용을 되돌아보고 다음을 곱씹어 보세요.

- 언제 이런 믿음이 생겼나요?

- 그 믿음은 현실에서 어떤 근거가 있나요?

- 가족이나 공동체 회원과 같은 다른 사람들에게 들은 건가요?

- 당신의 삶에서 부정적인 믿음은 어떤 목적이 있나요? (예를 들어, '실패'할까 봐 안전지대를 떠나지 못하는 '두려움'일 수도 있습니다.)

나는 나 자신을 위해
멋진 새로운 신념을 창조합니다.

나는 내 모든 경험을 통틀어
나 자신을 사랑합니다.
그리고 모든 것이 다 좋습니다.

삶의 교훈에서 도망가지 마세요.
그것은 당신을 위한 보물 꾸러미입니다.

물론 삶에서 내가 가진 것에 감사하는 것은 중요합니다.
그런데 그보다 나는 당신이 삶에서 얻은 교훈에
감사했으면 좋겠습니다.

살면서 뭔가를 깨닫고 배우면
우리의 삶은 한층 더 새롭게 바뀝니다.
나는 어두운 내면의 또 다른 자아를 만날 때마다
기쁩니다. 내 삶을 방해하는 뭔가를 놓아줄 때가
되었음을 의미하기 때문입니다.

"나에게 이런 면이 있다는 것을 알게 해 주셔서
감사합니다. 이제 그것을 치유하고
나아갈 수 있습니다"라고 말합니다. 그러니 그 교훈이
갑자기 떠오른 '문제'에 관한 것이든
내 안의 오래되고 부정적인 패턴에 관한 것이든
이제 놓아줄 시간이 되었음을 축복합시다.

힘들수록 감사와 축복을 실천해 보세요.

때로 가장 고통스러운 순간과, 나를 시험에 들게 하는 그런
시간이 우리를 성장으로 이끄는 최상의 기회가 되기도 합니다.
이런 순간에 우리는 나를 좀 더 돌보고 사랑하고 신뢰하게
됩니다. 성장을 위한 어떤 기회가 오든 거부하지 마세요.
힘든 시기에는 가능한 한 감사와 축복을 실천하세요.

고통은 우리가 새롭게 성장하려고 할 때 마음속에서 거부하는
저항입니다. 대부분 변화에 강하게 저항합니다. 궁극적으로
우리는 고통을 신뢰하지 않기 때문입니다.

인생은 완벽하게 돌아가고 있고,
우리는 지금 있어야 할 곳에 있습니다.

거대한 우주에서 경이로운 존재로 진화하는 데 필요한 것을
정확히 경험하고 있습니다.
우리는 항상 긍정적인 성장의 과정에 있습니다.
삶의 사건들은 단지 경험일 뿐입니다.

경험은 우리의 정체성이나 자존심이 아닙니다. 우리는 경험에
관심을 집중하고 싶지 않습니다. 예를 들어, "나는 실패자야"라고
말하고 싶은 것이 아니라, "나는 실패의 경험을 했고,
지금은 회복 중이야!"라고 말하고 싶어 합니다.
언제나 우리는 배우는 중입니다.

우리는 배우고 성장하기 위해 이곳에 있습니다.

모르는 건 죄가 아닙니다. 모른다는 것은 단순히 무지하거나
이해가 부족할 따름입니다. 그래서 우리는 자신이나
다른 사람들이 몰랐다고 판단하고 싶지 않습니다.
삶은 항상 우리가 파악하는 능력보다 더 큽니다. 우리는 모두
배우고, 성장하고, 더 많이 이해하기 위한 과정 중에 있습니다.
그렇다 해도 절대 모든 것을 알 수는 없을 것입니다.

그 당시에는 감사함을 느낄 수 없었더라도,
지금 돌아보면 성장을 위해 꼭 필요했던 삶의 순간들을 적어 보세요.

당신이 현재 겪고 있는 어떤 어려움이든
감사와 어떻게 엮을 수 있는지 보기 위해 삶의 구체적인
영역을 탐구해 봅시다. 건강부터 살펴볼게요.

우리 몸은 삶의 다른 모든 것과 마찬가지로 내면의 생각과
믿음의 거울입니다. 몸은 항상 우리에게 말을 걸고 있습니다.
몸이 건네는 소리를 듣기 위해 잠시 시간을 낼 수 있다면
우리는 그 작은 소리를 들을 수 있습니다.

몸 안에 있는 모든 세포는
우리가 생각하는 모든 것에 반응합니다.

질병 뒤에 숨어 있는 정신적 패턴이 무엇인지를 발견하면
그 패턴을 바꿀 수 있습니다. 질병이란 사실
불편함(dis-ease)입니다(제가 좋아하는 철자법입니다).
편안하지 않은 상태, 뭔가 불편한 상태입니다.
의식적인 차원에서 아프고 싶은 사람은 없지만,
우리가 가진 모든 불편함은 나의 스승입니다. 질병은 의식 속에
최상의 선을 방해하는 잘못된 생각이 있다는 사실을 말해 주는
몸의 신호입니다. 이렇게 말하는 것과 같습니다.
"제발, 몸에 주의를 기울이란 말이야."

때때로 아픈 것은 무의식적인 이득이 있습니다.
우리 사회에서 질병은 뭔가를 거절해야 하는 부담, 혹은
책임감이나 불쾌한 상황을 피할 수 있는
유일한 합법적인 방법이라고 생각할 수 있습니다.
만약 어떻게 거절해야 할지 모르겠다면,
아프다는 이유로 쉽게 거절할 수 있습니다.

진정한 치유를 하려면 몸, 마음, 영혼을 모두 돌봐야 합니다.
우리가 병을 '치료'하면서도 그 병을 둘러싼
감정적이고 영적인 문제를 함께 다루지 않는다면,
그것이 곧 다시 나타날 수 있습니다. 우리의 몸은 마음과
영혼이 서로 조화를 이루면 아프지 않습니다.
몸이 신호를 보낸다면 마음과 영혼을 치유해야 합니다.
당신의 건강을 해치는 욕구를 기꺼이 내려놓을 수 있나요?
질병을 통해 어떤 정신적 교훈을 얻을 수 있나요?
예를 들어, 지나치게 열심히 일하는 데서 좀 벗어나야 한다면,
이것이 자기 관리에 집중하라는 선물이 될 수도 있지 않을까요?
아니면 한때 당연하게 여겼던 몸 일부분에 감사하는
자신을 발견하진 않았나요?

아파서 힘들었을 때 어떤 마음이 들었는지, 몸과 마음과 영혼을 치유하기 위해
무엇을 해야 하는지 당신의 생각을 적어 보세요.

오늘 살아 있어서
감사합니다.
또 다른 멋진 하루를 산다는 것은
나의 기쁨이자 즐거움입니다.

완벽한 건강은
나의 신성한 권리입니다.
그리고 나는 지금
그 완벽한 건강을 요구합니다.

우리는 모두 늙어 갑니다. 하지만 어떻게 나이 들지는 각자에게 달려 있습니다.

당신은 나이 듦에 대해 어떻게 생각하나요?

연약하고 아픈 사람들을 보면서 자신도 그렇게 늙어 가리라 생각하나요?

고령화 사회에서 노년 빈곤을 보며

그것이 자신의 운명일 것 같은 느낌이 드나요?

외로운 노인이 많은데 당신도 그렇게 될까 걱정되나요?

아래에 당신의 생각을 적어 보세요.

우리는 부정적인 개념을 받아들일 필요가 없어요.

우린 이 모든 걸 원래의 상태,

즉 긍정적인 본래의 본성대로 되돌릴 수 있어요.

우리가 말하고 생각하는 것이 질병(dis-ease, 불편함) 혹은

활기찬 건강에 영향을 끼칩니다.

이것을 알기 위해 몸과 마음이 연결되어 있다는 점을

배워야 합니다. 나는 우리의 믿음을 바꿀 수 있고,

노화를 긍정적인 경험으로 만들어 갈 수 있다고 생각해요.

우리의 힘을 되찾는 데 너무 늦은 시작은 결코 없습니다.

인간은 매우 짧은 삶을 살곤 했습니다.

1900년 우리의 기대수명은 고작 47세였어요.

지금은 80세를 평균 수명으로 받아들이고 있습니다.

왜 우리는 의식에서 양자 도약을 하여

새로운 수준의 기대수명을 120년이나 150년으로

만들 수 없는 걸까요?

그것은 우리가 관여할 영역이 아닌 것이죠.

아마도 한두 세대 안에 그렇게 오래 사는 것이

자연스러운 현상이 되리라 생각합니다.

지금까지 우리는 지구에 얼마나 오래 있었는지를
말해 주는 나이에 따라 어떻게 느끼고 어떻게 행동해야 하는지
기준으로 삼았어요. 인생의 다른 측면과 마찬가지로,
노화에 대한 우리의 믿음은 현실이 됩니다.

이제 우리의 믿음을 바꿀 때입니다!

나이와 상관없이 우리의 앞날은 항상 밝습니다.
노화에 대한 두려운 이미지를 떨쳐내고
사고(思考)를 한 단계 도약해야 할 때입니다.
우리의 어휘에서 '늙음'이라는 단어를 빼고,
여전히 젊고 기대수명이 한정적이지 않다고 인식하세요.
노년의 삶이 보물 같은 나날이 되리라 생각하세요.

지금 잠시 당신의 노년을
세상에서 가장 귀한 보물처럼 상상해 보세요.
이 비전을 현실로 만들 힘이 당신 안에 있습니다.

내 나이가 몇이든
활기차고 건강합니다.

이 무지개 끝에 황금 항아리가 있다고 상상해 보세요.
우리 생애 최고의 시간을 보내고,
다가오는 세대에게 지혜를 나눠 준다고 생각해 보세요.
우리는 다음과 같이 행동의 변화를 시작할 수 있습니다.

- 제한된 믿음 풀어 주기
- 우리 몸 잘 돌봐 주기
- '노화'라는 단어를 '장수'로 바꾸기
- 우리의 생각을 기꺼이 적용하기
- 새로운 생각을 수용하기
- 긴장을 활기찬 건강으로 바꾸기
- 우리의 어휘 사전에서 '늙음'이라는 단어를 놓아주기
- 우리 자신에 대한 진실을 받아들이기
- 우리가 사는 사회에 이타적인 서비스 제공하기

갈수록 수명이 연장되고 있어요. 아직 오지 않은 날들에 기대가 큰가요,
아니면 절망스러운가요? 어떻게 나이 들고 싶나요?

_____

_____

_____

_____

건강을 잃으면 전부를 잃은 것이라고 합니다.
여기 건강에 관해 내가 좋아하는 몇 가지 추가적인
긍정 확언들이 있습니다.
당신에게도 도움이 되었으면 좋겠습니다.

나는 건강을 증진할 새로운 방법을 끊임없이 찾고 있습니다.

나는 고통에서 자유롭고, 삶과 완전히 일치됩니다.

도움이 필요할 때 기꺼이 도움을 요청할 용기가 있습니다.

항상 나에게 필요한 건강 전문가를 선택합니다.

나는 내 몸을 사랑합니다.

나는 내 몸의 장기, 뼈, 근육, 그리고
모든 부분에 사랑을 보냅니다.

나는 내 몸의 세포를 사랑으로 가득 채웁니다.

나는 과거 건강했던 것에 대해 내 몸에 감사합니다.

나는 지금 여기에서 치유와 건강을 받아들입니다.

스스로 건강에 대한 긍정 확언을 만들어 써 보세요.

건강과 나이 듦에 관해 당신이 감사하는 것들에 무엇이 있을까요?
자유롭게 글을 쓰거나, 그림을 그리거나, 콜라주를 만들어
시각화해 보는 등 창의적인 방법으로 아래에 표현해 보세요.

나는 내 인생의
모든 사랑에 감사해요.

어디서든
그 사랑을 발견합니다.

관계는 자기 자신을 비추는 거울이에요. 이제 관계에 대해 알아보아요.
우리가 끌어당기는 것은 항상 자신이 가진 자질이나 관계에 대한 믿음 둘 중
하나를 반영합니다. 사랑은 결코 우리 바깥에 존재하지 않습니다.
사랑은 항상 우리 안에 있어요.
당신이 로맨틱한 사랑에 대해 가지고 있는 믿음은 무엇인가요?
낭만적 사랑이란 무엇일까요? 아래에 나온 질문에 대답해 보세요.

당신은 관계가 어떻게 보이고 느껴져야 '한다고' 생각하나요?
지금까지 당신의 관계 패턴은 어떻게 보였고, 어떻게 느껴졌나요?

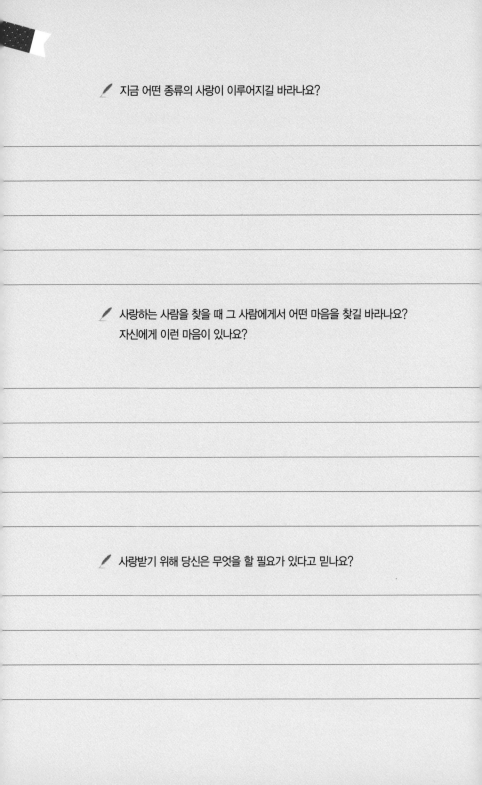

지금 어떤 종류의 사랑이 이루어지길 바라나요?

_____

_____

_____

_____

_____

사랑하는 사람을 찾을 때 그 사람에게서 어떤 마음을 찾길 바라나요?
자신에게 이런 마음이 있나요?

_____

_____

_____

_____

사랑받기 위해 당신은 무엇을 할 필요가 있다고 믿나요?

_____

_____

_____

_____

내 안에 사랑을 위한
안전한 공간을 만들면서
사랑하는 사람들과 사랑하는 경험을
나에게 끌어옵니다.

당신이 연애의 끝을 지나고 있다면,
이 시기가 매우 고통스러울 것입니다.

'나는 충분히 좋은 사람이 아니야'라는 사고 패턴으로 돌아가
자신을 벌주려 할 것입니다. 상대가 나와 더는 함께하려 하지
않는 것은 분명 자신에게 무슨 문제가 있어서라고 생각하며
깊은 절망에 빠져 허우적거리기 일쑤입니다.
하지만 나에게 문제가 있다는 것은 사실이 아닙니다.

모든 관계는 하나의 경험입니다.

일정 기간 함께하며 할 수 있는 한 최대로 에너지와 경험을
공유합니다. 우리가 함께할 수 있는 것을 서로에게서 배웁니다.
배운 다음에는 헤어져야 할 시간이 옵니다.
이것은 정상적이고 자연스러운 것입니다.

이별의 아픔을 피하려고 오래된 관계에 집착하지 마세요.

단지 누군가와 함께하기 위해 신체적 또는 정서적 학대를
참지 마세요. 과거 오래된 경험에 연연한다면, 결코

만족스러운 삶을 살 수 없습니다. 자신을 존중하지 않는 관계를
스스로 허용할 때 "나는 사랑받을 가치가 없으니
상대의 행동을 받아들여야 해. 혼자 있는 것을 견딜 수 없고,
다시는 다른 관계를 맺을 수 없어"라고 말합니다.
이것은 부정적인 확언이고, 이러한 부정적인 생각은
당신을 끌어내릴 뿐입니다.

대신, 실제로 무슨 일이 일어나고 있는지 주목하세요.

관계가 끝났을 때, 인생은 당신에게 새로운 경험을 할 기회를
줍니다. 이 시간에 깊이 감사하고, 함께했던 지난날을
받아들입니다. 모든 경험을 감사하게 생각하는 시간이 될 수도
있습니다. 그런 다음 끝이 난 사람과의 관계를 놓아주고
인생의 다음 단계로 넘어갑니다.

지금은 다정함과 이해심으로 자신을 사랑할 때입니다.
이것은 당신의 세계가 끝난 것이 아닙니다. 인생의 새로운 국면이
시작되는 것입니다. 나에 대한 사랑으로 새롭게 펼쳐지는 인생이
이제 막 끝낸 시간보다 더 멋질 수 있습니다.

나는 사랑과 수용의
세계에서 살고 있습니다.

긍정적으로 끝난 관계를 돌아보세요.
그 경험에서 당신은 어떤 점이 감사한가요? 무엇을 배울 수 있었나요?
감사한 점을 적어 보세요.

이제 부정적으로 안 좋게 끝난 관계를 한번 떠올려 보세요.
그 관계에서 감사한 점들은 무엇인가요?
무엇을 배울 수 있었나요?

_____

_____

_____

_____

_____

_____

_____

_____

_____

_____

_____

_____

_____

_____

_____

_____

나를 더 사랑하는 법을 배우고
내 주변 모든 사람과 그 사랑을 나누기 위해
이 지구라는 행성에 왔습니다.

어쩌면 당신은 아직 만족스러운 관계를 맺지 못하고
좌절하고 있을지도 모릅니다.
한 40대 여성에게 이런 이야기를 들은 적이 있습니다.
그녀는 인생에서 가장 멋진 파트너를 만나기 위해
오랫동안 확언을 해 왔고, 숱하게 데이트를 했으며,
싱글을 위한 모임에도 가입했지만,
여전히 사귀는 사람이 없다고 했습니다.
그녀는 신이 자신의 기도를 듣고 있는지 모르겠다며
사랑하는 사람을 만난다는 확언을 그만둬야 하는지
낙담하며 물었습니다.

나는 그녀에게 완벽한 짝을 찾으려는 열망과
혼자가 되고 싶지 않은 욕구를 충분히 이해한다고 말했습니다.
하지만 스스로 비참하게 만든 것은 바로 그녀 자신이었습니다.
그 당시 나는 나 자신을
세상에서 가장 사랑하는 친구로 만들었습니다.
그러자 친구들과 반려동물로부터 사랑을 많이 받았고,
지금도 사랑을 듬뿍 받고 있습니다.
그렇게 먼저 나 자신과 최고의 관계가 되었기 때문에
내 삶은 언제나 풍족하고 풍요로웠습니다.

나는 이 여성에게 말했습니다.

"나는 당신의 처지에 연민을 느낍니다.

이런 식으로 고통받을 필요가 없어요.

당신은 삶이나 신에 의해 절대로 처벌받지 않습니다.

사랑하는 관계에 대해서 계속 긍정 확언을 하고

삶에 더 많은 사랑이 들어올 수 있도록

확언의 범위를 확장하세요.

기쁨과 행복을 단언하세요.

성취감에 대해서도 확언하세요.

지구를 치유하는 데 도움이 되는 일을 한다고 확언하세요.

봉사활동을 하든지 나가서 다른 사람들을 도우세요.

당신의 삶을 확장하세요.

다른 사람들에게도 사랑을 나누고,

인생에서 누리는 모든 선함에 감사하고 또 감사하세요.

재미있게 해 보세요!

인생을 즐기세요."

나는 이것이 누구에게나 좋은 조언이라고 생각합니다.

당신의 삶을 확장하세요.
다른 사람들에게도 사랑을 나누고,
인생에서 누리는 모든 선함에
감사하고 또 감사하세요.
재미있게 해 보세요!
인생을 즐기세요.

연애가 끝난 뒤, 당신이 경험했던 즐거운 일을 떠올려 보세요.

그때 그 사람에 대해서 어떻게 생각하세요?

만약 헤어지는 아픔을 경험하지 못했다면 무엇이 달라졌을까요?

마지막으로 이별을 통해 깨달음을 준 그 사람에게 감사를 표현하세요.

어떤 일이 일어나지 않았다고 해서 일어나지 않는다는 것을 의미하지는 않습니다.
우주의 시간표는 우리의 시간과 다릅니다.
하지만 우주의 시간은 항상 완벽합니다. 이를 분명하게 느낀 적이 있나요?
우리가 사랑하는 우주의 신성한 타이밍을 믿는 데 도움이 될 만한 게 있나요?

인간관계를 맺는 데 도움이 될 만한
내가 좋아하는 몇 가지 확언들입니다.

언젠가 사랑은 옵니다.

사랑에 대한 절박한 욕구를 놓아주고, 그 대신 사랑이
완벽한 시간과 공간 순으로 나에게 오도록 허락합니다.

오래 사랑하는 관계는 내 삶을 밝게 합니다.

나는 건전한 관계를 끌어당깁니다.
항상 나는 좋은 대우를 받습니다.

가장 좋은 관계는 나와 함께하는 관계입니다.

여기에 당신이 직접 만든 관계 확언을 적어 보세요.

사랑과 관계에 대해서
당신이 감사라는 선물을 찾는 데 도움이 될 만한 다른 것이 있나요?
자유롭게 아래에 글을 써 보세요.
그림을 그리는 것도 좋아요.
콜라주를 만들거나 종이 위에 창의적으로 표현해 보세요.

[창의적으로 그리고, 붙이고, 시각화하는 공간]

나는 사랑이 넘치고,
풍요롭고,
조화로운 우주에 살고 있음에
감사합니다.

이제 돈 문제에 대해 생각해 볼까요?

많은 사람이 경제를 걱정하며 현재 경제 상황으로 인해
자신이 돈을 벌거나 혹은 잃을 것이라고 믿습니다.
하지만 경기는 항상 오르락내리락합니다.
밖에서 무슨 일이 일어나든 경제를 바꾸기 위해
다른 사람들이 무엇을 하든 그건 중요하지 않습니다.
당신은 경제 때문에 갇힌 것이 아닙니다.

세상 밖에서 무슨 일이 일어나든
스스로가 무엇을 믿는지가 중요합니다.

만약 당신이 노숙자 신세가 될까 봐 두려움을 느낀다면
자신에게 물어보세요.

"나 자신과 편안하지 않은 부분은 어디인가?
버려진 것 같은가?
내면의 평화를 위해 무엇을 해야 하는가?"

당신이 어렸을 때 돈, 일, 수입, 번영, 풍족함에 대해
들었던 모든 말과 믿음의 목록을 작성해 보면 좋겠습니다.
그런 다음 그것에 대해 어떻게 느끼는지도 적어 보세요.
돈을 싫어하나요? 돈은 더러운가요?
당신 뜻대로 하자면 돈을 구겨 버리고 싶나요? 당신은
10달러 지폐에 사랑스럽게 말을 걸어 본 적이 있나요?
청구서가 들어오면 축복해 주나요?
당신은 돈을 받을 때 감사하나요, 아니면
항상 돈이 부족하다고 불평하나요?
돈을 대하는 태도를 잘 살펴보세요.
당신이 찾아낸 것들에 놀랄지도 모릅니다.

당신이 돈에 대해 믿는 바는 뭔가요? 쭉 떠오르는 대로 모두 쏟아내세요.
그리고 지켜보세요.
돈에 대한 신념이 얼마나 현재의 풍요로움에 방해가 되는지 말이에요.

나는 돈에 대한
거부감을 놓아주고,
돈이 내 삶에
즐겁게 흘러들어 오는 것을
허락합니다.

부와 풍요에
감사하면 감사할수록,
더 많은 감사의 이유를
찾게 됩니다.

돈 걱정과 갖가지 청구서에 대한
원망을 멈추는 것이 중요합니다.

가능하면 피해야 하는 것으로 청구서를 생각하는 사람들이
많습니다. 하지만 우리가 내는 모든 청구서는
돈 버는 능력을 신뢰한다는 믿음의 증거입니다.
국세청을 포함해 모든 금융거래에 사랑을 전하며,
나에게 오는 모든 청구서를 기쁘게 생각합니다.
나는 세금을 국가에 임대료를 내는 것으로 생각해요.

짜증을 내며 청구서를 대하면 돈이 들어오기 힘듭니다.
사랑과 기쁨으로 대가를 치르면
자유롭게 풍요가 흐르는 통로가 열립니다.

당신의 돈을 주머니에 쑤셔 넣는 물건이 아니라
친구처럼 대하세요.

우주는 넉넉하고 풍성합니다.
우리가 그 반대를 믿지 않는 한
내게 필요한 모든 것을 받는 것은 타고난 권리입니다.

당신의 경제 상황에 사랑을 불어넣어 보세요.
다음에는 청구서가 나에게 오는 것을 감사해 보세요.
비를 피할 수 있는 집, 먹고 마실 음식, 재미로 가득한
경험처럼 돈으로 할 수 있는 많은 일과 감사한 마음을 적어 보세요.

나는 돈을 자석같이 끌어당깁니다.

나는 돈이 붙는 자석입니다.

모든 종류의 풍요로움이 나에게로 옵니다.

나는 이제
번영과 풍요의 새로운 시대로
접어들었습니다.

내가 받을 만한 자격이 있다고 느끼고 요청하는 것은
내 삶의 번영에 매우 도움이 됩니다.
예를 들어, 내가 처음으로 생활 수준을 뛰어넘는 돈을
벌어들이기 시작했을 때 죄책감을 느끼곤 했습니다.
그 돈을 주변에 나누거나 바보 같은 일에 써서 다시 파산할
수도 있었습니다. 여분의 돈을 갖는 것은
나의 초기 신념 체계와 너무 반대되는 것이어서
나의 잠재의식에서 돈을 없애려고 했습니다.
내 믿음을 바꾸어 돈을 벌고, 즐기고,
저축할 자격이 있다는 것을 알기까지는
오랜 시간이 걸렸습니다.

나는 가난하게 태어났으며 진짜 가난해서,
대부분의 시간 동안 돈이 한 푼도 없었습니다.
나는 번영 의식이 아니라 빈곤 의식이 있었습니다.
시간이 지남에 따라 이것은 바뀌었고,
나는 우주에 풍요가 있다는 것을 깨달았습니다.
이 풍요로움은 의식을 확장한 사람들 모두가
사용할 수 있습니다.

우주는 주는 걸 좋아합니다.

받는 데 어려움이 있는 사람들이 있습니다.
우리가 번영할 자격이 있고, 스스로 번영을 허용하고,
번영할 수 있다는 생각을 받아들이기 위해
의식을 확장할 때까지 우리는 부족함을 경험할 것입니다.
그래야만 우주가 우리에게 주는 것을 허락할 수 있습니다.

"나는 부모님의 수입 수준을 넘어섭니다." 나는 이 확언을 좋아합니다. 당신은
부모님보다 훨씬 더 많이 벌 권리가 있습니다. 자격이 없다는 어떤 감정이라도
뛰어넘어 신성한 권리인 풍부한 재정적 부를 받아들여야 합니다.
다음 연습을 통해 번영에 대해 가지고 있는 당신의 믿음을 살펴보세요.

✎ 모든 청구서를 낼 충분한 돈을 가진 자신을 상상해 보세요.
　　이것이 당신에게 자연스러운가요?

_____

_____

_____

_____

✎ 당신이 재정적으로 '편안한 상태'라고 상상해 보세요.
　　이게 무슨 의미인가요? 그리고 당신에게 자연스럽게 느껴지나요?

_____

_____

_____

_____

_____

✎ 상상 속의 부를 계속 늘리세요. 번영이 부자연스럽거나 잘못되었다고
느끼기 시작하는 지점이 있나요? 당신은 돈에 대해 죄책감을 느끼나요?
돈이 많아지면 뭐가 두려울까요? 생각나는 것을 적어 보세요.

✎ 이러한 연습을 통해 "나는 충분히 자격이 있습니다"라고 느끼는 것이
무엇을 드러내는지 성찰해 보세요.

지금 이 순간 엄청난 부와 힘이
나에게 주어집니다.
나는 가치 있는 사람이고
그럴 자격이 있다고 느낍니다.

돈은 여러 방법으로 나에게 올 수 있다는 것을 기억하세요.

어떻게 오든, 우주가 주는 선물로 돈을 기쁘게
받아들이세요. 아무리 작은 수준에서 축적하기 시작해도
부를 향해 나아갈 수 있습니다.
저축이 늘고 성장하는 모습이 즐겁고 흐뭇할 것입니다.
비용 절감을 통해 투자로 전환할 수 있습니다.
이는 당신이 돈을 위해 일하는 것이 아니라
돈이 당신을 위해 일하는 것입니다.

"내 수입은 끊임없이 늘어나고,
어디를 가든 나는 번창한다."

한동안 나는 이 확언을 써 왔습니다.
이 확언이 나에게 개인적인 법칙이 되도록 만들었습니다.
당신도 할 수 있습니다.
돈에 대한 인식을 바꾸는 데 도움이 될 것입니다.
내가 직접 경험했기 때문에 확실히 말할 수 있습니다.

나는 우울한 아이였어요.

돈은 내 인생에 존재하지 않는 것 같았어요.
아버지는 내가 어렸을 때 돈을 벌긴 했지만,
많이는 아니었습니다. 마침내 내가 카지노에 취직했을 때
얼마나 감격했는지 기억합니다.
하지만 당시 나의 의식이 막 넓어지는 때였습니다.
나는 창고와 식당에서 일했습니다.
내 의식은 내가 마땅히 해야 할 일이라고 믿었기 때문에
모든 종류의 허드렛일을 묵묵히 했습니다.
그런 믿음을 깨는 데는 오랜 시간이 걸렸습니다.

의식의 성장을 통해 오늘의 내가 있습니다.
나 자신, 삶, 돈에 대한 생각이 바뀌었다는 뜻입니다.

생각이 바뀌면서 의식과 세상도 달라졌습니다.

당신에게도 똑같은 일이 일어나게 할 힘이 있습니다.
청구서를 내고 돈과 마땅히 받아야 할 것에 대한
믿음을 검토함으로써, 그리고 삶의 모든 것에
감사함으로써 이미 당신의 의식은 확장되기 시작합니다.
어디에서나 번영을 인정하고 그것을 기뻐하세요.
번창하는 사람을 보면 스스로 되뇌세요.
"그들이 풍족한 것을 보면 대단하지 않은가?
우리 모두를 위해 충분한 양이 있다."

항상 명심하세요.
당신이 삶에 감사하면 할수록
삶은 더 많은 것을 주고 싶어 합니다.

나는 곳곳에 존재하는
무한한 풍요에
마음의 문을
기꺼이 열어 놓습니다.

여기 내가 좋아하는 번영을 위한
몇 가지 확언들이 있습니다.
당신에게도 도움이 될 것입니다.

나는 최고를 받을 자격이 있고,
이제 그 최고를 받아들입니다.

나는 매일 새로운 기회의 문과 풍요에 마음을 엽니다.

나는 돈과의 관계가 아주 좋습니다.

돈은 나를 사랑하고 내 주머니를 채워 줍니다.

나는 우주의 모든 선과 풍요에 마음을 열고 받아들입니다.
고마워, 인생아!

여기에 당신이 직접 만든 확언을 적어 보세요.

돈과 번영에 관해 감사하는 데 도움이 될 만한 다른 것이 있나요?
자유롭게 글을 쓰거나, 그림을 그리거나, 콜라주를 만들거나,
원하는 창의적인 도구를 사용해서 표현해 보세요.

나는 내 직업을 사랑합니다.
내 일은 나의 큰 기쁨 중 하나입니다.

이제 진로에 관심을 돌립시다.

만약 당신이 지금 하는 일에서 막힌 느낌이 들거나,

계속하기가 싫거나, 혹은 생계를 위한 수단이기만 하다면

긍정적 변화를 위해 당신이 해야 할 일이 있습니다.

어리석어 보이거나 단순하게 들릴지도 모르지만,

나는 효과가 있다는 것을 압니다. 수많은 사람이

근무 상황을 더 좋게 바꾸는 것을 봐 왔습니다.

사랑이 담긴 축복은

어떤 상황이든 변화시키는 강력한 도구입니다.

당신이 어디에서 일하든 그곳에서 어떻게 느끼든

사랑으로 축복하세요. 말 그대로입니다.

그저 축복하세요. 막연하게 긍정적인 생각만 하지 마세요.

"나는 사랑으로 이 일을 축복합니다"라고 말해 보세요.

크게 소리 내어 말할 수 있는 곳을 찾으세요.

사랑을 큰 소리로 말하면 더욱 힘이 강해집니다.

거기서 멈추지 말고, 당신의 직장에 있는 모든 것,

즉 장비, 가구, 기계, 제품, 고객, 함께 일하는 사람들,

일과 관계된 모든 것을 사랑으로 축복하세요.

같이 일하는 사람 때문에 힘들다면 이 또한
마음을 써서 상황을 바꿀 수 있습니다.
확언은 매우 효과가 있습니다. 이렇게 확언해 보세요.
"나는 함께 일하는 (○○○)를 포함하여
동료들과 아주 좋은 관계를 맺고 있다."
그 동료가 마음속에 떠오를 때마다 이 확언을 반복하세요.
당신은 그 상황이 어떻게 좋아지는지를 보고
놀랄 것입니다. 현재로서는 상상조차 할 수 없는
해결책이 나올 것입니다.

확언을 하고 나면 우주가 그 일을 처리하게 두세요.

하루 동안 사랑으로 일터를 축복한 후 성찰한 것들을 적어 보세요.
그다음 출근해서 일을 계속합니다.
일주일간 혹은 한 달간 그렇게 해 보고 어떤 차이가 느껴지는지 기록해 보세요.

나는 직장에서 만나는
모든 사람을 존중하며,
그 보답으로
나도 존중받습니다.

나는 무한한 선택지가 있습니다.
기회는 어디에나 있습니다.

새 일자리를 얻는 가장 안전한 방법은
확언을 하는 것("나는 이 자리에 서게 된 것을 기뻐할 다음 사람에게
사랑으로 이 일을 넘겨준다")과 더불어
현재 직업을 축복하는 것입니다. 지금의 일자리를 구할
당시 이 일은 당신에게 이상적이었습니다.
자신의 가치를 완벽하게 반영하는 일이었습니다.

이제 당신은 성장했고,
더 나은 곳으로 나아가고 있습니다.

확언: 나는 정확히 내가 제공하는 것을 찾는 사람들이
있다는 것을 압니다. 이제 나의 창의적인 재능과 능력을
모두 발휘할 수 있는 직업을 받아들입니다.
그 일은 성취감이 크고, 매일 출근하는 일이 즐겁습니다.
그곳은 완벽한 위치에 있고, 나는 그곳에서 돈을 잘 벌고,
그에 대해 깊은 감사를 표합니다.

때때로 우리는 과거를 끊임없이 끌고 다닙니다.
예를 들어 지금 하는 일이 싫어 새 직장으로 옮길 때
과거의 혐오감을 가지고 갈 위험이 있습니다.

새 직업이 아무리 좋아도 곧 싫어집니다.
지금 당신이 가지고 있는 감정이나 생각이 무엇이든
새로운 곳으로 옮겨 갈 것입니다.
불만족스러운 세상 속에서 살다 보면 어딜 가든
그 불만족한 세계를 만나게 됩니다.

의식의 변화를 일으켜야만 비로소 삶에 긍정적인 변화가
시작됩니다. 그렇게 하면 새로운 일이 생겼을 때
일이 잘 풀리고 정말 재밌게 즐길 수 있을 것입니다.
나를 위해 자신의 법칙을 만들게 되고,
우주가 그에 대해 친절하게 응답해 줄 것입니다.

비슷한 것은 비슷한 것을 끌어당깁니다.
그리고 당신이 허락한다면,
인생은 항상 당신에게 선을 가져다줄 방법을 찾습니다.

성취감을 느낄 수 있는 일의 종류를 생생하게 묘사해 보세요.
그런 다음 이미 그 일을 하는 것처럼 감사를 표현해 보세요.

내가 직장 생활에서 얻는
기쁨은 삶의 전반적인 행복으로
나타납니다.

나는 다른 사람들이
번성할 수 있도록
돕습니다. 그 결과로 삶은
놀라운 방법으로 나를
도와줍니다.

당신이 고용주라면 직원들에게 감사하는 것이
얼마나 중요한지 알았으면 좋겠습니다.
사람들은 때로 작은 감사메모 하나에도 감동합니다.
잘했다고 칭찬받고 인정받기를 좋아합니다.
그것이 일하는 사람들을 즐겁게 합니다.

나는 직원들에게 소리를 지르는 사장님이 이해가 안 됩니다.
사장님은 소리를 지르면 일을 더 잘할 거로 생각하지만,
이는 말도 안 됩니다. 소리를 지르고 화를 낸다고 직원들이
일을 더 잘하지는 않습니다. 오히려 겁을 먹거나 원망하는
마음만 커지죠. 상사라면 직원들에게 무슨 짓을 하고 있는지
알아야 합니다. 그런 태도는 사람들을 더 열심히 일하게 만드는
것이 아니라, 겁을 먹고 머뭇거리게 만드는 것입니다.

만약 한 직원이 회사를 떠난다고 말하면, 화를 내지 말고
다 이해하며 괜찮다고 말하고 지지해 주세요.
헤이하우스에서는 떠나는 직원들을 이렇게 지지해 줍니다.

우리는 당신을 사랑합니다.

당신이 이곳을 떠나 더 멋진 삶을 살기를 바랍니다.

우리와 함께 일해 주어서 감사했습니다.

정말 도움이 많이 되었습니다.

이제 지금껏 해 본 적 없는 새로운 모험을 해 보세요.

감사메모를 쓸 때 다음과 같이 말하면 좋습니다.

"당신의 삶이 계속 성장하고 확장되기를 바랍니다."

이렇게 고마움을 표현하면 우리 모두 기분이 좋아집니다!

당신과 함께 일하는 사람들은 회사의 성공에 어떤 도움을 주나요?
직원들에게 감사를 표현하는 몇 가지 방법을 나열해 보세요.

사람들과 함께 일하는 것은
인생의 목적 중 하나입니다.
나는 함께 일하는
사람들을 사랑합니다.

직업적 성공에 대해 도움이 될 만한
내가 좋아하는 확언들이 있습니다.
당신에게 매우 유용하리라 생각합니다.

내가 진정으로 즐겨 하는 일,
즉 나의 창의적인 재능을 사용하는 일을 하고 있습니다.

나는 성공적인 경력을 가질 자격이 있고,
이제 그것을 받아들입니다.

내 직장은 일하기 좋은 곳입니다.
구석구석 사랑이 담긴 평화롭고 창의적인 공간입니다.

많이 벌기 위해 꼭 열심히 일할 필요는 없습니다.

직업과 근무 조건, 공간에 대해 자신이 바라는 내용을 담은
긍정 확언을 직접 만들어 보세요.

직업과 진로에 대해 감사라는 선물을 찾는 데 도움이 될 만한 다른 것이 있나요?
그 생각을 적어 보세요. 특별한 형식은 없으니 자유롭게 쓰면 됩니다.
사진을 오려 붙이거나, 그림을 그려도 좋습니다.
창의적으로 표현할 수 있는 모든 도구를 사용하세요.

[창의적으로 그리고, 붙이고, 시각화하는 공간]

당신의 삶에서 축복을 헤아릴 수 없을 만큼 감사할 부분이 있나요?
그것에 관해 써 보세요.

이제 감사한 마음을 불러오기 위해 긍정 확언을 쓰거나
다른 아이디어를 생각해 내서 삶의 영역들을 재구성해 보세요.

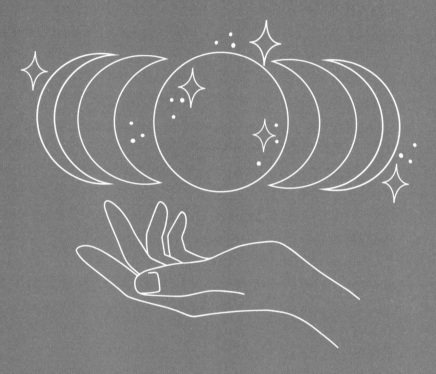

나는 인생에서
최고를 받을 자격이 있습니다.

앞으로 '받을 자격이 있다'는 문제에 대해 더 깊이
살펴보려고 합니다. 한 여성을 상담한 적이 있습니다.
그녀는 아티스트로서 10년 동안 고군분투해 왔습니다.
예술을 하면서 살아 있는 느낌을 받았지만, 청구서를 제때 내지
못해 '투잡'을 뛰어야 했습니다. 그녀는 예술가로서의 길을
가는 것에 의문이 들었고, 그 분야에서 뛰어난
아티스트들을 질투하고 시기하면서 그들의 성공을 속으로
비난했습니다. 나는 그녀에게 질투를 이렇게 설명했습니다.

**결핍과 한계에 대한 잘못된 믿음이
나를 가로막는 유일한 것입니다.**

분투하는 예술가가 혹시 어린 시절에 잠재의식에 새겨진 메시지,
즉 "예술가들은 언제나 가난하다. 예술가가 생계에 신경을
쓰는 것은 어리석다. 너는 성공할 가치가 없다. 남자들만
예술가로 성공한다. 삶은 어렵다. 쉬운 인생이 어디에 있나?
열심히 일해야 한다" 같은 말을 들었는지 궁금했습니다.
그리고 그녀에게 내면에서 싸우고 있는 정신적인 갈등을
내려놓는 작업을 시작하라고 권했습니다. 지금 여기에서 그녀의
삶을 있는 그대로 완전히 즐기라고 부탁했습니다.

이런 말들이 당신에게도 해당하는 게 있나요? 성공에 대한
가치를 말할 때 당신을 제한하는 잘못된 신념은 무엇인가요?
당신의 재능을 더 감사하는 방법은 무엇일까요?
다른 사람들이 뭐라고 하든 자신의 재능을 무한히 펼칠 방법은
무엇이 있을까요?

다음으로 당신이 흥미를 느끼거나 창의적으로 되게 하는 것이 무엇인지
알아보기를 원합니다. 그리고 다른 사람들의 성공을
축하해 주길 바랍니다. 타인의 성공이 당신에게서
어떤 것도 빼앗아가지 않는다는 사실을 알기 바랍니다. 기억하세요.
우리는 아주 관대하고 친절한 우주에서 살고 있습니다.

오래되고 부정적인 생각의 패턴이
더는 나를 가로막지 못한다는 것을
이제 압니다. 나는 그 한계를
편안하게 놓아줍니다.

전반적으로 자신이 인생에서 받을 가치가 있다고 느끼는 것은 무엇인가요?
이렇게 확언해 보세요.
"나는 싸우거나 고통받으려는 욕구를 놓아 버린다.
나는 모든 좋은 것들을 받을 자격이 있다."
이 확언이 당신에게 더 진실하게 들리나요? 아니면 존재의 깊은 무의식에서
아무것도 받을 가치가 없다고 하는 소리가 들리나요? 왜 그런가요?

_____

_____

_____

_____

_____

_____

_____

_____

_____

_____

_____

_____

_____

자신은 아무것도 받을 가치가 없다는 부정적인 메시지는 어디에서 왔을까요?
어린 시절 가정에서 어떤 규율이 있었는지 생각해 보세요.
"넌 그럴 가치가 없어……" 혹은 "그런 불행한 일을 겪어도 싸!" 이런 말을 수시로
들었나요? 뭔가 받을 자격이 있는 사람이 되기 위해 돈을 벌어야만 했나요?
뭔가 당신이 잘못했을 때 누군가가 소중한 것을 빼앗아 갔나요?

당신의 부정적인 신념을 씩씩하게 놓아 버릴 건가요?

그 신념을 놓아 버린 자리에 어떤 신념을 기꺼이 넣을 건가요? 기억하세요.

이런 것들은 오직 생각일 뿐이고 생각은 바뀔 수 있어요.

삶의 선물에 관한 한, 자격이 없다는 잘못된 생각으로
선물을 거절하지 마세요. 삶의 선물을 떠올리니 한
신사가 생각납니다. 그가 힘들어할 때 친구가 보여 준
친절과 관대함을 갚지 못해 죄책감을 느낀다고 말했습니다.
그는 자신이 선물을 받을 자격이 없다고 생각했습니다.
나는 그 신사에게 우주는 우리에게 어떤 형태로든
필요한 것을 줄 때가 있고, 우리는 정확히 같은 방식으로
우주가 베풀어 준 것을 똑같이 돌려줄 수 없을 때도 있다고
조언해 주었습니다.

하지만 우주는 당신의 요구에 응답하기로 했으니,
감사하세요.

언젠가 누군가를 도울 때가 올 겁니다. 돈만이 아니라
시간이나 위로가 필요할지도 모릅니다. 우리는 때때로
이런 것들이 돈보다 더 가치 있다는 것을 깨닫지 못합니다.
내 인생 초기에 힘든 일을 겪을 때 엄청나게 도와준
많은 사람이 있었습니다. 몇 년이 지난 후,
나는 다른 사람들을 도울 기회를 얻었습니다.
우리는 보답해야 합니다.

누군가가 점심을 사 준다면 우리는 다시 그에게 점심을
사 주어야 합니다. 아니면 누군가가 선물을 준다면,
우리는 즉시 그들을 위해 선물을 사야 합니다.

다시 말하지만, 이곳은 우리 모두에게 충분할 만큼
풍족하고 넉넉한 우주입니다. 점수를 기록하는
장부도 없습니다. 모든 사람은 행복하고 만족스러운 삶을
살 자격이 있습니다. 하지만 우리 중 누구도
우리가 좋은 일을 할 자격이 있다고는 생각하지 않습니다.
대부분은 조건화되어 있습니다. 삶의 좋은 일들은
시금치를 먹고, 방을 청소하고, 머리를 빗고,
구두를 닦고, 소음을 내지 않고, 기타 등등을 해야만
일어날 수 있다고 생각합니다.
비록 이런 것들도 배워야 할 중요한 것이지만,
그것들은 내면의 자아 가치와는 아무런 상관이 없습니다.

우리의 선을 한정 짓지 말아야 합니다.

당신은 이미 충분히 잘하고 있고, 아무것도 바꾸지 않고도
멋진 삶을 살 자격이 있다는 걸 알아야 합니다.
처음에는 낯설고 어색할 수 있지만, 자신에 대해 긍정적으로
생각하고 말하는 습관을 들이는 것이 매우 중요합니다.
지금 당장 두 팔을 활짝 벌리고
사랑으로 세상에 존재하는 모든 선한 것과 좋은 것을
받을 자격이 있다고 선언하세요.
그리고 정말로 당신은 그럴 자격이 있는 존재입니다.

나는 내 세상과 그 안에 있는
모든 것을 축복합니다.
그리고 그 대가로
삶의 축복을 받아들입니다.

우주는 관대하고 풍족하게 주는 자입니다. 또한
인정받는 것을 좋아합니다. 하지만 인생이 좋은 것을 주어도
우리가 받기 어려워할 수 있습니다.
우리의 문제 중 상당 부분은 수신 불능에서 비롯됩니다.
줄 수는 있지만, 받는 것이 어려운 사람들이 많습니다.

받아들이는 법을 배우라고 나는 말합니다. 왜냐하면 우주는
우리의 열린 마음을 번영의 열쇠로 인식하기 때문입니다.
친구에게 선물을 줄 때 당신의 기분을 생각해 보세요.
만약 선물을 받은 내가 얼굴을 찡그리고,
실망하는 표정을 지으면 선물을 준 친구의 기분은 어떨까요?
"크기도 맞지 않고, 내가 좋아하는 색깔도 아니고,
난 이런 거 잘 안 쓰는데⋯⋯"라고 말한다면,
선물을 준 친구는 다시는 선물하고 싶은 마음이
생기지 않을 것입니다.

그런데 선물을 받고 친구가 기뻐하고 춤까지 추며
고마워한다면, 선물을 준 친구는 뭔가를 볼 때마다
친구가 좋아하는 모습이 떠올라서 사 주고 싶을 것입니다.

꽤 오랫동안 나는 모든 칭찬과 선물을
"나는 이 선물을 기쁨과 감사로 받습니다!"라고
확언하면서 받아 왔습니다.
나는 우리의 우주가 이 표현을 좋아한다는 것을 알게 되었고,
끊임없이 가장 멋진 선물을 받습니다.

다음에 이어지는 빈칸에 선물을 받았을 때
어떤 느낌인지 적어 보세요.
어색한가요?
상대방이 해 주는 자신에 대한 칭찬을
농담으로 가볍게 받아넘기나요?
당신은 선물을 주는 사람에게
"선물 사는 걸 아껴서 저축이나 할 것이지……"라는
말을 하고, 필요 없다면서 손사래를 치나요?
지금 바로 자격이 없다고 생각했기 때문에
거절했던(다른 사람으로부터든 혹은 인생으로부터든) 선물을 생각해 보고,
그것에 대해 감사를 표현해 보세요.

이제 진정으로 감사하며 미래의 칭찬과 선물을 받아들이겠다고
스스로 다짐하세요. 이러한 방식으로 감사를 표현함으로써,
주는 사람은 자신이 선물을 받은 것처럼 느낀다는 사실을 알아차리세요.
이것이야말로 좋은 흐름을 유지하는 방법입니다.

칭찬은 번영의
선물입니다. 나는 칭찬을
정중히 받아들이고
거리낌 없이 칭찬합니다.

자신에 대한 긍정적인 점을 아래 공간에 써 보세요. 글을 쓸 때 자신의 감정에
집중하세요. 거부감이나 저항감이 느껴지나요?
자신을 긍정적으로 보기가 어렵나요? 이 작업은 자신의 내면에 있는
빛을 찾아내는 과정입니다. 만약 "나는 그럴 자격이 없는 사람이야"라는
감정이 든다면 아래에 자신이 적은 스스로에 대한 칭찬 목록을 읽어 보세요.
그리고 우주가 주는 모든 선물을 감사와 기쁨으로 받겠다는
자신의 선언문을 기억하세요. 빈칸에 떠오르는 생각을 맘껏 적어 보세요.

나는 내 마음을 사랑합니다.
내 생각은
가장 좋은 친구입니다.

가진 것에 대해 감사할 때,
우리는 우리에게 더 좋은 것을 끌어당깁니다.

부족한 점에 초점을 맞추면 부족함을 끌어당길 수 있습니다.
예를 들어, 빚을 지고 있다면 우리는 자신을 꾸짖지 말고
용서할 필요가 있습니다. 긍정 확언과 시각화를 통해
빚을 갚는 일에 초점을 맞춰야 하고
그렇게 되도록 노력해야 합니다.

돈 문제를 겪고 있는 다른 사람들에게 우리가 할 수 있는
가장 좋은 일은 그들에게 의식적으로 돈 버는 방법을
가르쳐 주는 것입니다. 왜냐하면 그 방법은
지속적이기 때문입니다. 그들에게 실제 돈을 건네는 것보다
훨씬 더 오래 가는 방법이 확언과 시각화입니다.
돈을 주지 말라는 이야기가 아니라,
죄책감 때문에 누군가에게 돈을 주지는 말라는 뜻입니다.

사람들은 "음, 나는 다른 사람을 도와야만 해"라고 말합니다.
당신도 사람입니다. 당신은 번영할 가치가 있는 사람입니다.
당신의 의식은 최고의 은행 계좌입니다.
가치 있는 생각을 하면 큰 이익을 얻을 수 있습니다.

지금까지 의식을 통해 개선한 삶의 방식이 있다면 적어 보세요.

여기까지 오느라 수고가 많았습니다.
중단하지 말고 계속하세요. 모든 게 점점 더 좋아질 것입니다.

나는 나 자신에게 멋진 친구입니다.
나는 삶을 사랑하고
나를 사랑합니다.

이 책의 서두에서 말했듯이, 나를 사랑하는 것은
모든 것의 열쇠입니다. 우리는 모두 소중하며
가치 있는 삶을 위해 많이 노력해 왔습니다.
이제 그 가치를 보여 주는 삶으로 전환해야 합니다.
자신을 사랑하는 친구로 대하면 이룰 수 있습니다.
다음은 성공을 위한 몇 가지 아이디어입니다.

- 일주일에 한 번 자신과 데이트를 하고, 그 시간을 즐기세요.
  식당, 영화관, 박물관에 가거나 특별하게 좋아하는 스포츠를 해 보세요.
  이 행사를 위해 자신을 가장 멋지게 꾸미세요.

- 가장 좋은 음식을 드세요. 가장 좋은 옷을 입으세요.
  무엇이 됐든 '좋은 것'을 동료를 위해서만 하지 말고,
  자신을 위해서도 해 주세요. 자신의 가장 좋은 친구가 되어 보세요.

- 얼굴 마사지와 전신 마사지를 받으세요. 스스로를 잘 보살피세요.
  만약 당신에게 그럴 여유가 없다면, 발 마사지 혹은 전신 마사지와
  얼굴 마사지를 친구와 서로 품앗이하세요.

여기에 자신의 내면과 만나기 위한 방법을 적어 보세요.

당신의 아이디어 중 몇 가지를 시도해 본 후 그 결과를 써 보세요.
정말 자신을 소중히 여기게 되었나요?

_____

_____

_____

_____

_____

_____

_____

_____

_____

_____

_____

_____

_____

_____

_____

_____

_____

_____

나는 믿을 수 없을 만큼
좋은 사람들에게
평생 둘러싸여 있습니다.

다른 사람들에게 감사하다 보면 시나브로 내 삶도
감사하게 됩니다. 그러니 다른 사람들에게 그들이 한 일에
얼마나 감사하는지 말하는 습관을 기르세요. 판매원,
웨이터, 우체국 직원, 고용주와 직원, 친구, 가족,
그리고 전혀 모르는 사람들에게 말하세요.
감사 비법을 공유하세요!

**모두에게 감사하고
모두를 위해 감사를 주고받는 세상이 되도록 도와요.**

나는 당신이 내면으로 들어가서 생각을 바꾸길 바랍니다.
내 안에 있는 보물과 연결되세요. 그리고 그 보물을
사용하세요. 우리가 내면에 있는 보물과 연결될 때
존재의 위대함으로부터 행복한 삶을 받을 것입니다.
매일 보물과 연결되세요.

여기에 몇 가지 아이디어를 제시합니다.

• 누군가에게 존재 자체만으로도 얼마나 고마운지 말해 보세요.

• 뒤에 줄 서 있는 사람들을 위해 커피값을 대신 내주는 것과 같은 임의의 친절한 행동을 해 보세요.

• 해변이나 공원에서 쓰레기를 주워 보세요.

• 낯선 사람에게 꽃 한 송이를 선물하세요.

• 노숙자 쉼터나 양로원에서 자원봉사를 하고, 그곳의 사람들이 하는 말을 진심으로 들어 보세요.

• 선생님이나 멘토처럼 어렸을 때 당신의 삶에 긍정적인 영향을 준 누군가에게 편지를 써서 어떤 의미가 있었는지 그들에게 말해 주세요.

여기에 당신만의 보물과 연결될 아이디어를 적어 보세요.

당신이 적은 아이디어를 시도해 본 후 여기로 돌아와

그 결과를 표현해 보세요.

감사를 표현할 때, 우리는 이 아름다운 지구라는 행성을
잊을 수 없습니다. 사랑하는 지구는
우리에게 필요한 모든 것을 제공합니다.
우리는 그것을 항상 존중해야 합니다.
이 행성의 건강은 매우 중요합니다.
만약 지구 환경을 돌보지 않는다면
우리는 어디에서 살게 될까요?
지구를 사랑하는 것은 모두가 할 수 있는 일입니다.
여기에 지구를 위한 명상이 있는데, 이 명상은
지구를 잘 돌보기 위한 훌륭한 생각을 담고 있습니다.

| 지구의 건강을 위한 명상 |

나는 지구가 좋습니다. 이 아름다운 세상에 감사드리며 지구를 사랑으로 축복합니다. 나는 초목을 잘 가꾸어 그들에게 영양분을 줍니다. 나는 생물들에게 친절합니다. 나는 공기를 맑게 유지합니다. 자연식품을 먹고 천연제품을 사용합니다. 살아 있다는 것에 깊이 감사하고, 살아 있는 자체에 감동합니다. 삶의 조화, 전체성, 치유에 기여합니다. 평화는 나로부터 시작된다는 것을 압니다.

나는 이 세상에서 삶의 질을 높이고 사랑스럽게 지구를 잘 돌보겠다고 다짐합니다. 내 생각은 맑고 사랑스럽습니다. 나는 지구 환경에 주의를 기울입니다. 틈틈이 친절을 베풀고, 재활용과 퇴비화, 유기농 정원, 토양의 질을 개선하려고 노력합니다. 지구는 나의 행성이며, 그곳을 살기 좋은 곳으로 만드는 데 도움을 줍니다. 평화로운 행성에서 매일 조용히 깨끗하고 건강한 환경을 상상하며 명상하는 시간을 갖습니다. 전 세계 각 정부가 예산 균형을 맞추고, 환경에 대한 재정을 공평하게 처리하기 위해 협력하는 모습을 상상합니다. 지구상의 모든 사람이 마음과 마음을 열고 서로 사랑하며 안전한 세상을 만들기 위해 협력하는 것을 봅니다. 그것은 가능합니다. 그것은 나로부터 시작됩니다.

지구에 사랑과 감사를 표할 수 있는 몇 가지 방법을 적어 보고
반드시 실천해 보세요.

나는 멋지고 위대하다고 느낍니다.
나는 내 삶에 감사합니다.

이제 매일매일 우리가 하는 모든 일을 통해 어떻게 감사한
삶을 경험할 수 있는지 자세히 살펴보려고 합니다.

**항상 말하고 생각하는 것을
의식해야 삶이 나아질 수 있습니다.**

아침에 일어나서 가장 먼저 자신에게 하는 말은 무엇인가요?
샤워하면서 무슨 생각을 하나요? 면도할 때는요?
옷을 고르거나 입거나, 화장할 때, 머리를 말릴 때
자신에게 어떤 말을 해 주나요? 아침을 차리거나
아이들을 학교에 보낼 준비를 시키면서
가족들에게 무슨 말을 하나요?
의식하기 위해 유용하게 쓰일 수 있는 순간들입니다.

아침 시간은 매우 중요합니다.

당신이 아침을 어떻게 보내느냐에 따라 하루의 경험이
결정됩니다. 너무 많은 사람이 하루를 시작할 때
이렇게 말하면서 일어납니다.
"으악, 또 하루가 시작되었네. 일어나야 해. 젠장!"

만약 당신이 그렇게 일어난다면 영원히 좋은 하루를
보낼 수 없습니다. 좋은 하루는 불가능합니다.
부정 확언으로 아침이 끔찍해지면
당신의 하루는 정말로 끔찍할 것입니다.

몇 년 동안 지켜온 나의 작은 루틴이 있어요.
나는 일어나자마자 긍정적인 생각으로 하루를 시작합니다.
눈을 뜨자마자 일어나지 않고 침대에 좀 더 누워서
푹 자게 해 준 침대에 고맙다는 말을 전합니다.
그리고 나 자신에게 이렇게 말합니다.

오늘은 좋은 날입니다.
정말 좋은 날이 될 것입니다.

그런 다음 일어나서 화장실을 사용하고,
오늘도 잘 움직여 주는 몸에 고마워합니다.
스트레칭을 조금 한 후 차를 끓이고 침대에 따뜻한 차를
가져다 놓고 독서를 조금 합니다.
몸을 쭉 펴고 나서 마음을 스트레칭하듯 풀어 줍니다.

기분 좋은 의식으로 하루를 시작하세요.

바로 자신에게 긍정적인 말을 하는 것이 특히나 중요합니다.
"인생은 나를 사랑합니다" 같은 긍정 확언이
좋은 예가 될 수 있겠네요. 아침 식사로 몸에 좋고
맛있는 음식을 드세요. 몸에 영양분을 공급하세요.
아침을 먹어야 편안한 생각과 좋은 마음으로
하루를 보낼 수 있어요.

나의 아침 루틴을 참고해 당신만의 아침 루틴을 작성해 보세요.
하루의 기분이 달라집니다. 평소 일상에서 어떻게 생활하고 느끼는지 감정을
아래에 적어 보세요. 그런 후 다음 페이지에 자신의 아침이 이상적이려면
어떻게 일어나고 어떤 루틴을 가져야 좋을지 적어 보세요.

나는 아침에 집을 나서면서
기쁨과 감사를 항상 전합니다.
나는 어딜 가든
삶이 나를 돌봐 줄 것을 잘 압니다.

계속해서 하루를 잘 만들어 가는 작업을 해 봐요. 운에 자신을 맡기지 않고
원하는 일을 이루는 좋은 시간임을 깨달으며 집을 나서세요.
집을 나선 후 기쁨과 열정으로 아니면, 걱정과 스트레스로
하루하루를 보내나요? 자신의 일상을 되돌아보거나, 당신의 활동과 감정을
실제 추적하여 기록해 다음 질문에 답해 보세요. 그런 다음 아래 칸을 채워 보세요.

✎ 집을 나설 때 문을 열면서 무슨 생각과 말을 하나요?

_____

_____

_____

✎ 당신은 문을 닫으면서 뭐라고 말합니까?

_____

_____

_____

✎ 외출하려고 할 때 어떤 생각이 드나요?

_____

_____

_____

집을 떠날 때 고마운 건 뭔가요?

하루 종일 좋은 생각으로 마음을 가득 채울 기회는
아주 많습니다. 게다가 매우 간단히 할 수 있는 것들입니다.
하루를 보내면서 미소를 띠고 자신에게
다음과 같이 말해 보세요.

나는 삶을 사랑합니다.

나는 오늘을 사랑합니다.

삶은 나를 사랑합니다.

나는 태양이 비추는 순간을 사랑합니다.

내 심장에 있는 사랑을 느끼는 것은 멋진 일입니다.

내가 하는 모든 일은 나에게 기쁨을 가져다줍니다.

이러한 생각이 당신에게 완전히 새로운 경험을
만들어 줄 것입니다.
확언할 시간은 항상 있습니다.
화장실 벽에다 이렇게 적어 놓은 게 보이는군요.

**"나는 내 세상의 모든 사람을 축복하고 번영시키며,
내 세상의 모든 사람도 나를 축복하고 번영케 합니다."**

나는 오랫동안 화장실에 갈 때마다 그 확언을 보며 되뇌었고,
그것은 나의 감사한 삶의 방식에 도움이 되었습니다.
포스트잇이나 종이에 확언을 적어서 보는 것은
큰 도움이 됩니다.

운전도 마찬가지로 하루를 다르게 보낼 수 있는
좋은 예입니다. 우선, 당신의 차를 친구로 여기세요.
나는 종종 차에게 이렇게 말합니다.
"친구야. 밤새 안녕했니? 다시 만나다니 반갑구나.
사무실까지 가는 동안 멋진 드라이브가 되도록 하자."
차에다 이름을 붙여서 불러 주어도 좋습니다.
나는 그렇게 해요. 차로 집을 나설 때 이렇게 확언합니다.

"나는 좋은 운전자들에게 둘러싸여 있고, 내 주변에 있는
모든 차량에 사랑을 보냅니다." 나는 항상 길 위 어디에서나
사랑이 있다고 느끼곤 합니다. 걸어 다니든,
대중교통을 이용하든, 자전거를 타든,
지나가는 모든 사람에게 축복해 주고 감사를 표해야 합니다.

당신의 하루에 감사를 불러올 다른 방법들이 있을까요? 여기에 적어 주세요.

하루가 끝날 무렵에는 대개 어떤 일이 일어나나요?
아마도 당신은 일을 마친 후 일과를 정리하거나
학교에서 돌아오거나 뭔가 또 다른 환경으로 이동할 겁니다.
당신의 파트너가 문으로 걸어올 때,
혹은 룸메이트, 혹은 다른 누군가가 당신에게 왔을 때
어떤 느낌이 드나요?

얼마 전 한 친구와 만난 일이 기억나네요. 그 친구는
퇴근해서 돌아오는 남편을 안 좋은 소식으로 맞이하죠.
그 친구를 보면서 '왜 그럴까?' 하는 생각이 들었습니다.
나는 결혼했을 때 남편이 문으로 걸어 들어올 때
포옹, 입맞춤, 환영하는 태도로 잘 다녀왔냐고 인사했습니다.
그런데 내 친구는 남편이 들어오면
쓰레기 처리기가 작동하지 않는다거나
아이들이 말을 듣지 않는다는 등 나쁜 소식을 전했습니다.
이제 이런 불평하는 소식은 80초 후에 말해 보세요.
먼저 이렇게 말한 후에요.
"여보, 잘 다녀왔어요? 사랑해요. 오늘은 어땠어요?"

평소 일상적인 날을 골라 자신의 활동과 감정을 실제 추적해 본 후
다음 질문에 답해 보세요. 그런 다음 질문에 대한 답을 아래 칸에 적어 보세요.

✎ 당신은 집에서 보내는 저녁이 기다려지나요? 왜죠?
　아니면 왜 안 기다려지나요?

_____

_____

_____

✎ 당신은 저녁을 준비하거나 포장 주문을 할 때 무슨 생각을 하나요?

_____

_____

_____

✎ 저녁 식사는 즐거운가요? 아니면 좌절하게 하거나 짜증 나게 하나요?
　당신은 패스트푸드나 가공식품 같은 나쁜 음식을 먹나요,
　아니면 자신에게 영양분을 주는 좋은 식재료를 먹나요?

_____

_____

_____

✎ 당신은 청소할 때 혼잣말을 어떤 식으로 하죠? 혼잣말의 내용은요?

✎ 하루 스트레스를 잠들 때까지 가지고 가나요? 아니면 그 스트레스를
압축해서 쓰레기통에 버릴 수 있나요?

하루를 마감하면서 나는 이런 점에 감사합니다.

나는 저녁 시간을 보낼 때 감사한 마음으로 가득합니다.
내 가전제품, 내가 먹는 음식과 음료, 그리고 맛있는 식사를
준비하고 식재료를 구입할 수 있는 내 능력에 감사합니다.
이렇게 하면 기분이 아주 좋아집니다.
하루하루 지나갈 때 당신의 마음을 다음과 같은
감사한 생각으로 채우려고 노력하세요.

좋은 저녁입니다, 우리 집, 고맙습니다
나 돌아왔어요.

나는 이 집에 오게 되어 정말 기쁩니다. 집을 사랑합니다.

우리 함께 즐거운 시간을 보내요.

나는 우리 가족을 만나기를 학수고대합니다.

우리는 오늘 저녁 즐거운 시간을 갖습니다.

아이들은 숙제를 금방 해냅니다.

저녁 식사가 절로 잘 만들어지는 것 같습니다.

저녁 시간에 감사를 불러올 다른 방법들을 생각해 볼 수 있나요?
여기에 저녁 시간을 감사하면서 보내는 아이디어를 적어 보세요.

_____

_____

_____

_____

_____

_____

_____

_____

_____

_____

_____

_____

_____

_____

_____

_____

잠잘 시간에 무엇을 하나요?

잠들기 전에 뉴스를 보면 안 좋은 꿈을 꾸기 쉽습니다.
나는 침대에서 뉴스를 보거나 읽는 것을 반대합니다.
잠들기 전에 의식 속에 무엇을 넣고 있는지
반드시 유념하기 바랍니다.

나는 마음에 감동을 주는 독서, 인간적인 이야기,
영감을 주는 것들을 읽는 걸 좋아합니다.
때로는 명상을 하기도 하고, 작은 소리로 잠재의식에 좋은
확언 명상을 틀어 놓고 자기도 합니다.
그리고 나서 잠자리에 인사를 하고 잘 준비를 합니다.

나는 눈을 감으면서 심호흡을 합니다. 그리고 숨을 들이마실 때는
"인생은"이라고 말하고, 숨을 내쉴 때는 "나를 사랑해"라고
말합니다. 잠이 들기 전에 여러 번 이것을 반복합니다.
당신은 자신을 위해 잠들기 전에 꼭 루틴을 만들고
그 의식(儀式)대로 잠들 준비를 하세요. 당신의 전반적인
사고방식에 어떤 변화를 가져오는지 지켜보세요.

인생은 나를 사랑해.
인생은 나를 사랑해.
인생은 나를 사랑해.

우리가 앞에서 자신의 아침을 어떻게 보내는지 봤던 것처럼,
여기에는 전형적인 밤 생활이 어떠한지 적어 보세요.
그러면 어느 부분에서 조정이 필요한지 더 나은 아이디어들이 나올 겁니다.
보통 저녁 시간을 어떻게 보내는지, 실제로 아래에 글을 쓰면서 감정을 관찰해 보세요.
그다음으로 이상적인 저녁을 보내려면
지금의 저녁 루틴을 어떻게 바꿔야 할지 적어 보세요.

이 세상은 나의 지상 천국입니다.

나다운 모습을 좋아합니다.

지난 몇 페이지에 걸쳐 당신의 전형적인 일상이 어떤 모습인지, 거기서 무엇을 느끼는지를 살펴보았어요. 이제 그 대신 무엇을 하고 싶은지, 어떤 감정을 느끼고 싶은지를 되돌아보세요. 그러고 나서 자기애와 감사의 행동을 엮어 아래에 당신의 새로운 하루 일정을 적어 보세요.

일주일 동안 새로운 저녁 시간 일정을 따르려고 시도해 본 후
새로 발견한 점이나 반성할 점을 써 보세요.

더 새롭고 더 감사한 삶을 살 수 있다는 것을 알아두세요.
사고방식을 바꾸기만 하면 됩니다.
당신의 의지에 달려 있어요. 할 수 있어요!

자신을 있는 그대로 사랑하고 받아들임으로써 자신을
지지하면 할수록 더 보람을 느끼게 될 것입니다.
자신을 가치 있다고 느끼면 느낄수록 기분이 더 나아질
것입니다. 정말로 기분이 매우 좋아질 겁니다.
자신에게 좋은 일이 일어나게 하며,
전에는 보지 못했던 기회를 만날 것입니다.

감사하는 습관을 들이기 시작하면 놀라운 동시성이
일어날 것입니다. 인생은 당신을 새롭고 흥미로운 방향으로
인도할 것입니다. 가능하다고 생각했던 것보다 더 많은
가치 있는 일을 하게 될 것이며, 당신의 가능성은
더욱 확장될 것입니다. 결과적으로 모든 것이
흥미진진해질 것입니다. 스스로 자신이 원하는 삶을
살 권리가 있음을 이해할 것입니다.
오래된 믿음을 버리고, 오래된 한계를 버려야 할 수도 있지만,
어쨌든 당신은 할 수 있습니다!

당신은 가치 있는 사람입니다.
좋은 것을 받을 자격이 충분합니다.

그러니까 녹색 신호등으로 바뀐다거나 주차할
좋은 장소를 찾았을 때, 누군가가 정확히 필요한 것을
가져다줬을 때 "감사합니다!"라고 말하세요. 그리고 당신이
원하는 정보를 들었을 때도 "감사합니다!"라고
말하는 습관을 들이세요.

기억하세요, 우주는 감사하는 사람을 사랑합니다.
당신이 삶에 더 많이 감사하면 감사할수록,
인생은 더 많은 감사한 것들을
당신에게 가져다줄 것입니다.

나는 느긋하게
인생의 흐름을 탑니다.
그리고 삶이 나에게
필요한 모든 것을 쉽고 편안하게
제공하도록 놔둡니다.

이 책의 여정이 거의 다 끝나갑니다. 유용하다고 생각하거나 도움이 되었다고
생각하는 것들, 감사한 삶을 위한 행동을 하는 데 도움이 되는
추가 아이디어가 있으면 적어 보세요. 당신이 얼마나 강력하고, 소중하고,
자신을 사랑하는지를 발견하셨기를 바랍니다. 당신은 우주의 선물입니다.
그리고 그 모든 좋은 것을 받을 자격이 있어요.

나는 매일매일
감사 인사를 합니다. 내 마음속에는
감사 계좌가 있어
나를 항상 풍요롭게 해 주니
행복합니다.

| 감사 기도 |

내 존재의 중심에는 무한한 감사의 우물이 있습니다. 이제 그 감사함이 내 마음, 내 몸, 내 의식 전체와 내 존재를 채우도록 허락합니다. 이 감사함이 사방으로 뿜어져 나와 내 세상의 모든 것을 어루만지며 더 감사하는 모습으로 나에게 돌아옵니다. 고마움을 느끼면 느낄수록 공급이 무한하다는 것을 알게 됩니다. 감사함을 사용하는 것은 나의 내면에 흘러넘치는 기쁨의 표현입니다. 그것은 내 솜털처럼 보송보송하고 따뜻합니다.

나는 나 자신과 내 몸에 감사합니다. 보고, 듣고, 느끼고, 맛보고, 만질 수 있는 나의 능력에 감사합니다. 나는 내가 사는 집에 감사하고, 집을 사랑스럽게 보살핍니다. 가족과 친구들에게 감사하고, 친구들과 함께 있는 것을 기쁘게 생각합니다. 내 일에 감사하며, 항상 최선을 다합니다. 나의 재능과 능력에 감사하고, 계속 성취감을 느끼며, 내 재능을 표현합니다. 내가 버는 수입에 감사하며, 내가 어디로 가든지 번창한다는 것을 알고 있습니다. 과거 나의 모든 경험에 감사합니다. 왜냐하면 그 경험들은 영혼의 성장을 위한 계획의 하나였기 때문입니다. 모든 자연에 감사하고, 오늘 하루도 감사하며, 내일도 감사하게 생각합니다.

지금 그리고 영원히
내 삶에 감사합니다.

옮긴이 ㅣ 엄남미

아침 습관 컨설턴트, 한국 미라클모닝 카페 매니저, '국내 1호 습관 변화 전문가'로서 다른 사람들의 삶을 변화시키는 데 도움을 주고 있다. 또한 번역 프리랜서, 여행 관련 작가로도 활동 중이다. 한국외국어대학교 영어학과를 졸업하고 단국대학교 특수교육대학원 석사 과정을 마친 뒤 유나이티드항공에서 근무하였고, 의정부 광동고등학교에서 영어 교사로 일했다.

루이스 헤이 전문 번역가로, 현재는 사람들의 꿈을 이루도록 돕는 미라클마인드 코치이자 작가이면서 출판사 대표와 강연가의 길을 걷고 있다. 역서로 루이스 헤이 책 〈나는 할 수 있어〉, 〈삶에 기적이 필요할 때〉, 〈해피 나우〉, 〈루이스 헤이의 내면의 지혜〉, 〈러브 유어 바디〉, 〈사랑의 힘은 강력하다〉, 〈루이스 헤이의 명상록 〉, 〈21세기 성공하는 힘있는 여자-감수〉등이 있다.

hiaena7633@naver.com

감사의 선물

초판 1쇄 발행 2022년 6월 30일

지은이 ㅣ 루이스 L. 헤이
옮긴이 ㅣ 엄남미
펴낸이 ㅣ 정광성
펴낸곳 ㅣ 알파미디어
등록번호 ㅣ 제2018-000063호
주소 ㅣ 05387 서울시 강동구 천호옛12길 46, 2층 201호(성내동)
전화 ㅣ 02 487 2041
팩스 ㅣ 02 488 2040

ISBN 979-11-91122-35-0 03190
값 13,800원

© 2022, 알파미디어